언약, 아름다웠다

10

언약, 아름다웠다

김윤배

현대시학 기획시인선

ㅎ|ㅅ

김윤배

김윤배 시인은 충북 청주에서 태어나
한국방송통신대학교, 고려대학교 교육대학원에서 수학하고
인하대학교 대학원에서 문학박사 학위를 받았다.
1986년 《세계의 문학》을 통해 작품 활동을 시작했으며
시집 『겨울 숲에서』 『떠돌이의 노래』 『강 깊은 당신 편지』
『굴욕은 아름답다』 『따뜻한 말 속에 욕망이 숨어 있다』
『슬프도록 비천하고 슬프도록 당당한』 『부론에서 길을 잃다』
『혹독한 기다림 위에 있다』 『바람의 등을 보았다』
『마침내, 네가 비밀이 되었다』
장시집 『사당 바우덕이』 『시베리아의 침묵』
산문집 『시인들의 풍경』 『쵀울가는 울보가 아니다』
평론집 『김수영 시학』
동화집 『비를 부르는 소년』 『두노야 힘내』 등을 펴냈다.

baelon@hanmail.net

❋ 시인의 말

삶은 환상이거나 마법이다.

2021년 1월

詩景齋에서 김윤배

차례

✽ 시인의 말

1부

순수 영혼을 위해	14
가문비나무숲은 늘 근심에 싸여 있다	16
아무도 떠나지 않는 길	18
점묘법에 매달리다	20
그림자의 기원	22
창세신화를 위하여	24
내 영혼이 두려워진다	26
몰락하는 빛	28
최초의 감옥	30
가드히마이 신이여	32
끝내, 보이지 않는	34
애비들은 삶의 슬픔 없이도 고통스럽다	36
언약, 아름다웠다	38
티베트의 시간	40
불의 딸	42
광장과 그림자	44
근원으로 사라지는 것들	46

2부

달빛 살해	48
사라지는 도시	50
말레콘	52
마리아넬라의 혁명	54
고문	57
천 개의 등	58
시나힌 수도원	60
다음 생까지는 멀고	62
비탄의 힘	64
밀랍의 성채	65
검은 불꽃	66
미선나무 흰 꽃	68
꽃들의 경련	70
서녕	72
크레타섬	74
몽유	76
갈망	78

3부

대지와 어둠과 별빛	80
바닷가의 이별	82
시경재의 일상	84
예감	86
석류의 어둠	88
몽마와 악마	90
백련	92
구룡포	93
케이틀린의 메이크업	94
반생	96
검의 영토	98
잠시만 더 머물게 하라	100
천 개의 눈을 가진 바람	102
사제와 촛불	104
비애	106
섬망	108
청춘	110

4부

돌아오지 않는 날	114
베네치아 요새로도 안된다	116
차산은 어둠을 그리지 않았다	118
수향귀주도	120
새벽 공기 가르며 차령 고개 넘을 제	122
스텐카 라진	124
석류를 심을 때이지만	126
황홀한 슬픔	128
얼리쥐	130
비밀의 숲	131
백화나무 그늘	132
침묵의 이방인	134
아름다움이 적을 이긴다니	136
카르투시오 봉쇄 수도원	138
화계의 현주소	140
가혹한 봄날	142

* **시에 대한 생각**
시의 마법성 혹은, 마법성의 시 | 김윤배

1부

순수 영혼을 위해

순수 영혼을 위해

몸은 얼마나 성결했는지, 여기의 시간에 머물기를 거부했다

피 묻은 손으로 성서의 페이지를 넘기고 붉은 눈으로 가장 먼 곳을 본 후
떠날 것을 예고했고 간절한 눈빛을 거부했다

그곳은 편견이 살의가 되는 땅이다

고국을 외치던, 순국을 외치던, 정의를 외치던 젊은 이름들이다

처음으로 한 젊은 이름 위에서 목소리가 떨렸다
그 떨림으로 숨은 목소리의 고뇌를 짐작케 했다

명운은 그 지점에서 나락의 전기를 맞는다

몸의 깊고 그윽한 소리를 기다렸으니

잠들기 전에 검은 장막이 펼쳐질 것이고
바람이 불어올 것이다

바람 부는 밤은 가혹해서
혼몽을 흩을 것이다

어떤 꽃으로도 다시 피지 않을 몸이다

가문비나무숲은 늘 근심에 싸여 있다

왜 빛을 초라하고 유치하다*고 노래하고 싶은지
어둠이 번지는 가문비나무숲에 들면 알 수 있다
숲의 원근이 사라지고 숲의 무거움이 사라지고
바람의 옷깃이 가지 사이를 빠져나간 후
느린 걸음으로 마지막 그림자를 밟고 숲을 나선다
가슴에는 숲을 고요케 하는 휘파람 소리가 흐르지만
가문비나무숲은 늘 근심에 싸여 있다
내일도 숲의 오솔길을 걸어 작은 벤치에 다다를 수 있을까
나머지 생이 더 초조해지는 것은 아닐까
붉은 노을이 더 참혹해지는 것은 아닐까
그렇게 수십 년이 흘러가는 것은 아닐까
근심은 나뭇잎들의 수런거림을 부른다
어둠이 두려워 나뭇잎들은 대답하지 않는다
가문비나무숲은 별빛을 부르고

* 노발리스 『밤의 찬가』

별빛은 숲속을 흐르며 이슬과 입 맞춘다
근심은 가문비나무의 뿌리를 깊게 하고
가문비나무숲을 출렁이는 바다로 만든다

가문비나무숲은 늘 근심에 싸여 있다

아무도 떠나지 않는 길

화사한 마음들은 어디론지 떠난다

길이 안개 속으로 휘고 상처 입은 사람들 마음이 산길에 물든다
떠나는 날의 슬픔보다 돌아오는 날의 통곡이 하산 길을 흐려놓을 걸 알아
아주 먼 여행 중인 혼령들, 몸에서 몸으로 하는 여행을 꿈꾼다

세상의 시간을 멈추게 하고 시작되는 여행은
몸에서 몸으로 가는 여정이었고

몸은 지옥이었던 생의 의미를 놓고 숙려를 연장하지 않는다

사흘, 숙려기간은 지났다 숙려 장소는 냉동실이었다

십 년째 숙려 중인 젊은이는 사흘의 숙려가 부럽다

사흘 동안에도 꽃이 피고 철새가 돌아오고 아이가 태어나고
노동자가 벨트에 끼어 죽고 고공 시위가 계속되고 사막은
어느 곳에서나 시작된다

함께 가기로 한 고비였다

사막을 붉게 물들이는 낙조, 초원을 달려 나가는 여인, 양의 뜨거운 피를 마시는 집시들, 낙타의 머리뼈를 타고 넘는 사막뱀은 파탄의 징후였거나 사후의 세계였거나

이것들을 그려 넣을 목관의 공간은 비어 있다

아무도 떠나지 않는 길에서는 바람도 떠나지 않는다

점묘법에 매달리다

화폭에 수만 번의 점을 찍는다

화폭의 점들은 더 깊어지고 점 위에 점이 찍혀
처음의 점이 형체를 잃게 되었지만

점찍는 작업은 계속되었다, 세상이 점이었던 거다

그 점들을 헤아리다 기절하기 일쑤였다
점들은 색을 버리고 모양을 버리고 모두 보랏빛 눈동자로 변했다
이 세상에 없는 자들의 눈동자였다
그들의 눈동자가 살아나 나를 보고 있었다

오초 리오스 근처에서 열렸던 광란의 축제, 레게 썬스플래쉬를 떠올린다 레게리듬과 럼주와 마리화나의 몽환을 잊을 수 없다

그 밤 가슴에 찍은 점은 그대로다

화폭의 수많은 점은 광란의 축제에서 마주쳤던 눈동자였다

한 점을 건너면 그곳은 되돌아 올 수 없는 나락이다

그림자의 기원

높은 스탠드에 밝혀진 등불이 두 사람을 비춘다*

여자는 앉아 있는 남자의 어깨에 상체를 기댄다

여자는 벽의 그림자를 따라 선을 긋는다

실내는 어둑하고 등불은 더러 흔들린다

흔들리는 등불이 여자를 불안하게 한다

여자는 정지의 순간을 놓치지 않고 선을 긋는다

남자는 여자가 긋는 선을 볼 수 없다

선은 먼 후일까지 이어져 여자의 기원을 이룬다

남자의 시선은 여자의 결연한 얼굴에 닿아 있다

그림자 속에는 사계의 별자리들이 있고 강 하구를 비추는 달빛이 있다

그림자 속에는 남자와 여자의 불안한 내일이 있다

서로 잊혀진다 하더라도 지금 이 순간은 그림자로 남게 된다

* 쉬베, 《디뷰타드 혹은 그림의 기원》 oil on canvas 267x131.5cm

그림자는 오늘의 뜨거운 숨결이고 내일의 흐느끼는 어깨다

그림자는 비어 있는 생이고 차 있는 무덤이다

나는 어느 그림자에도 선을 긋지 않았다

창세신화를 위하여

쓰고 있는 창세신화에는 비탄의 노래들이 떼창을 이룬다 누구도 신단을 두려워하지 않고 뱀의 긴 혀를 건너 푸른 입술을 찾지 않는다

신화 속 수많은 눈물들은 언제 다시 환생의 악몽을 실현할지 모른다

창세신화에는 불타는 도시를 노래하던 요염한 허리가 끝내 돌로 굳어져 오랜 세월 잊혀질 거라고 쓰여 있다

모든 노래가 돌로 굳어져 지하에 묻혀도 시인들은 노래할 것이다

편서풍이 타이가 숲을 흔든다 작은 씨앗들 속에 잠자고 있던 울창한 숲을 깨운 편서풍이었다 편서풍은 숲의 정령들을 웃게 하고 계곡의 물줄기를 부풀린다 강물 깨어나는 아침이 온다

마법의 숫자에 도취된 맹신자들의 광란이 계속된다

창세신화에는 없는 풍경이다

최초의 신화는 돌무덤이었다 돌무덤은 창세 전에 누군가를 매장했었다는 증거다 부활 없는 매장이어서 온종일 독수리의 선회를 보아야 했다

조장의 풍습은 창세 이후의 일이어서 여자의 정강이뼈를 유물로 남겼다

창세 되지 않을 내, 창세신화의 첫 장을 쓰고 있다

내 영혼이 두려워진다

붉은 땅을 걷는다, 몽유의 덫이다

끝없이 펼쳐진 황무지, 아스라이 밀려오는 붉은 빛이다
하늘을 맴도는 흰머리독수리는 숫자가 늘었다

나는 아직 살아 있고 독수리의 거대한 날개가 내 그림자를 덮치기도 한다
나는 놀라 돌무더기 위에 엎드린다

나보다 먼저 이 길을 간 자들이 있다

그들은 저쪽에 닿았을 거다
저쪽은 신탁의 땅이거나 불의 바다일지 모른다
그렇게 사라지는 거다 아직 사라지지 않은 자들은
선채로 시계추처럼 몸을 흔들거나 주문을 외운다

말의 흰 갈비뼈 사이에 사막여우 한 마리가 몸을 낮춘다
잠깐 사이 사막여우는 세 마리가 되고 다섯 마리가 된다

내 영혼이 두려워진다

영혼은 멀리 나갔다 잠든 사이에 지쳐 돌아온다
돌아온 영혼에서 오래된 책 냄새가 난다

종루에 오르는 아이가 보인다
아이는 붉게 다가오는 모래바람을 향해 가슴을 연다
아이는, 이 세상이 오래된 포도주 색깔과 오래된 책 냄새라고 생각한다

황무한 길은 일몰의 붉은 가슴으로 든다

나는 붉은 사막에 엎드려 통곡한다

몰락하는 빛

가령 몰락하는 섬이 있어 섬의 모든 불빛과 하늘과 바람과 숲이 사라지고 울음소리도 사라지고 배를 매던 부두도 사라지고 사랑 앓던 달빛도 사라지고 말소리도 사라지고 유령으로 떠도는 파도의 인광만 퍼렇게 살아 잠든 나를 흔들어 깨운다면

깨어 일어나 당신을 찾겠다

물속, 고요한 당신을 찾아

섬의 모든 불빛과 하늘과 바람과 숲을 불러오겠다

몰락하는 빛이었으니

달빛도 부르고 굽은 소나무 그림자도 부르고 파도 속의 어린 정령들도 불러

부두에서, 백사장에서, 파도 위에서 노래하겠다

몰락하는 빛이었으니

몰락에 경배하겠다, 그리하여 몰락의 요요한 빛 앞에 당신을 세우겠다

몰락에의 경배는 슬픔이 살아 있는 동안 계속되겠다

최초의 감옥

내 생애 최초의 감옥은 한련화였고 한련화가 삼킨 날카로운 햇빛이었다

최초의 감옥은 아름다웠고 수감생활은 안타까워 수의 깃마다 슬픈 눈빛을 달아주었다 최초의 감옥은 몸 안이었고, 몸 밖이기도 했다

감옥은 언제나 찬란했다 찬란해서 어두웠던 감옥이었다

내 생애 최초의 감옥은 먼 우뢰였다 우뢰의 둔중한 탄식이었다

최초의 감옥은 현란한 입술이었고 입술에 얹는 흰 손가락이었다 흰 손가락은 검은 건반을 뛰놀던 기억으로 감옥이었다

선율은 숨 막히는 정념을 쏟았다

내 생애 최초의 감옥은 바다였고 높은 파도를 두드리는 달빛이었다

최초의 감옥은 도마 위로 파고드는 부드러운 칼날이었다 칼날 아래 쓰러지는 너울이었고 부풀어 오른 수평선이었다

출감은 멀어 눈빛 자주 흔들렸고 내, 어지러운 발자국을 지울 수 없었다

내 최초의 감옥은 떨림이었다

내 최초의 감옥은 당신이었다

가드히마이 신이여

내 오지 여행의 마지막은 히말라야 계곡, 네팔의 시골 마을이었다

푸줏간 좌판에 놓인 염소 머리와 핏물 낭자한 양은그릇이 햇빛에 빛난다

염소는 눈을 시퍼렇게 뜨고, 기도에 들어 경건하다

가드히마이 신이여!
내 목을 단칼에 따버린 도축기술자를 용서하지 마십시오 그의 눈은 살기로 가득 차 염소와 양과 물소들이 두려워합니다 지금은 가드히마이 축제 기간이 아닙니다 신에게 바쳐질 제물이 아니어서 내 절명은 헛된 것입니다 내 머리는 오랫동안 이 좌판에 놓여 방금 도축한 싱싱한 고기가 있다고 소리칠 것입니다

내가 시퍼렇게 눈을 뜨고 있는 것은 억울해서입니다 도축기술자는 전광석화처럼 내 목을 땄습니다 목으로 뜨거운 피가 콸콸콸 쏟아지고 의식이 흐려져서 비명을 지르지도 못했습니다 내 절명은 그렇게 허망했습니다

내 뜨거운 피를 마신 사내들의 혈관 속에는 내 피가 흐릅니다 내 피는 사내들이 마지막 숨을 거둘 때 지켜볼 것입니다 그게 내 복수입니다

나를 버리지 마십시오

가드히마이 신이여!

염소의 저주는 히말라야에 붉은 해가 걸릴 때까지 계속된다

끝내, 보이지 않는

당신은 개미자리와 바람의 불륜으로 태어난 연민의 꽃

광활한 대지를 버리고 남극, 그 극한의 얼음 왕국에 숨어 피는 꽃이다

사랑은 사라진 뒤에야 믿을 수 있는 환상이 분명하다

바람은 당신을 찾아 지구를 몇 바퀴나 순회하며
때로는 부드러운 미풍으로 이름을 불렀을 것이고
때로는 미친 듯한 광풍으로 이름을 외쳤을 것인데

당신은 바람의 목소리가 닿지 않는 곳
남극의 동토에서
세상에서 가장 작은 꽃으로 숨으려 했던 것
숨어, 세상에 없는 꽃으로 피어나려 했던 것

당신은 극점의 사랑을 노래한다

보이지 않는 몸으로 보이지 않는 몸의 방향을 어렴풋이
짐작할 뿐
보이지 않는 입술이 보이지 않는 눈빛을 더듬어
찰나의 뜨거움이 남국에서 있었던

그날의 백야를 기억하는 건, 환상일 뿐이어서

끝내, 보이지 않는

애비들은 삶의 슬픔 없이도 고통스럽다

하늘이 돌처럼 심장으로 내려앉는 날이다
신의 저주는 인종과 국경을 뛰어넘은 지 오래다
도시가 아프고 항공 노선이 아프고 병원이 아프고 무덤이 아프다

그리고 애비들이 아프다

애비들은 삶의 슬픔 없이도 고통스럽다*

눈물을 찾아 떠난 낙타가 눈물을 다 마시고 잠들었다
낙타의 머리뼈가 몇 년 후 사하라의 이정표가 되어 애비들을 이끌 것이다
애비들의 삶은 눈물을 다 마시고 잠드는 낙타다
그 삶을 슬픔이라고 말하면 별들이 스러진다

* 페르난두 페소아 변주

별들은 하나하나가 애비들의 신이었다

애비가 병들면 별 하나가 빛을 잃는다

별빛의 심연을 본 애비들이 있었다
애비들은 심연에 닿을 수 없는 생의 깊이를 무섭게 절망한다
애비들의 절망으로 별들이 사라졌다

애비들은 삶의 고통 없이도 슬퍼진다
슬픔 뒤에 잘린 손가락 매장지가 있다
권력을 걸었던 손가락은 모두 잘렸으니 언약의 저주였다

애비들은 삶의 슬픔을 별에 묻는다

언약, 아름다웠다

*

언약, 아름다웠다

파기는 더 아름다웠다

파기 후에 밤의 산책이 있었다
나는 지쳤고 자작나무숲은 위안이 되지 않았다
그의 자살을 생각했고 피스톨의 총구가 자화상 어디를 향했을까 궁금했다
그림은 대지 위에 서 있는 색채들의 애정행각이었다
그는 어떤 아름다움도 대지를 넘을 수 없다는 걸 알았다
그는 대지의 아름다움으로 색채의 고통을 견디었을 것이다
그의 색채가 파기의 아름다움을 표현했을지도 모른다
파기는 간결하고 섬뜩했다
흙냄새가 어둠 속에서 올라왔다

생명과 사유와 고향의 냄새라고 말 할 수 있겠다

누구에게나 마지막 냄새로 남을 것이다

*

밤의 산책은 부두에 닿는다

수많은 배가 출항 후 귀항하지 않았다

나는 출항하는 배마다 올랐다

부두는 늘 어두웠고 정박 중인 배들은 불 밝히지 않았다

어둠의 덩어리들이 검은 바다 위에서 출렁이고 있었다

선원들은 어둠 속에서 갑판에 올라 출항을 서둘렀다

출항 시간을 지키는 선장은 없었다

밀항일지는 바다에 남아 있다

언약은 피 마르는 항해다

파기는 흰 뼈 드러나는 난파다

티베트의 시간

디디가 동면을 끝내고 내게 준 선물이 티베트 속담이다
— 내일과 다음 생 중 어느 것이 먼저 찾아올지 우리는 알지 못한다
대관령에는 아직 봄이 오지 않았다며 준 선물이니 티베트의 봄이다

시간은 그처럼 소중한 거였구나, 섬광처럼 회한이 스쳐간다

디디의 티베트 문장에서는 아름다운 비명소리가 난다
어떤 문장은 핏빛 노을이 번지고 어떤 문장은 가슴이 찢어진다
어떤 문장은 왈칵 눈물이 나고 어떤 문장은 걸음을 멈추게 한다
마지막 문장은 언제나 여운이 오래도록 계속된다

서럽다

 디디가 조용히 건너는 강물의 초록빛깔과 숨차게 넘는
산맥의 보랏빛깔을 생각한다
 초록빛깔과 보랏빛깔은 디디의 빛깔이다
 내일과 다음 생 중 어느 것이 먼저 찾아온다 하더라도

 디디는 조용히 디디의 빛깔을 가고 있을 것이다

불의 딸

불의 딸이었으니

아침에는 불타는 바다를 살고 저녁에는 불타는 산맥을 살았던 거다
 밤은 또 어떤가 영원히 꺼지지 않는 횃불로
 불의 신전에 오르는 계단을 밝힌다

신전에서 한 몸이 되는 것은 운명 아니다

불씨가 어떻게 자궁에 숨어 살았었는지
 숨은 불씨를 확 그어 불달을 품고도 두려움이 없었다
 그녀는 번지는 불꽃을 가득 품었다

자연사박물관은 오래된 그녀의 뼈를 발굴 당시의 모습으로 유리 상자 안에 안치했다
 갈비뼈가 주저앉으며 불은 꺼져 있었다

그녀는 가슴에 큰 불덩을 품고 그 시대를 건넜을 것이다
가슴 속의 불덩로 뼈들이 검게 그을렸을 뿐

사막에 묻혀 있던 수 천 년은, 속눈썹과 벽옥 반지로 밝힌 불덩의 생이었을 유물은

그녀의 찬연한 이승이다

붉고 커다란 해가 쿵하고 사막을 건너는 내 가슴으로 진다

광장과 그림자

*

 그녀는 두려움이다, 순진무구의 눈빛이 두려움이고 잘 견디는 것이 두려움이다

 그녀는 모호한 눈빛으로 두려움이다 대륙의 모호한 새벽으로 두려움이다

 부활하지 못 하는 말들을 수목장으로 떠나보낸다
 나뭇잎들이 우우우 울어준다
 말들이 어깨를 좁혀 따라 운다 울음이 두려움이다

 나무 뒤에서 주술을 외우는 사내가 두려움이다

 그녀가 지하철 승강장으로 내려가는 모습을 보다 뒤돌아섰다
 역 광장은 가을 햇볕 가득했다

수많은 인파가 그림자를 이끌고 어디론지 바쁘게 사라지고 있다
저처럼, 살아 움직이는 그림자들이 두려움이다

*

누구나 흔들리는 눈빛을 숨긴다는 걸 깨닫게 되었다

그녀가 지하철 승강장으로 내려간 후의 일이다
이제 두려움은 없다,

모련이 있을 뿐
광장의 햇볕은 더 찬란하고 짧아진 그림자들은 더 분주하다

빈자리가 커진다

소리 없이 파멸로 갈 수는 있겠다

근원으로 사라지는 것들

새들 꽃들 나무들 눈동자들 말소리들은
근원으로 사라진다 근원은 어둠 아니어서, 소멸 아니어서
새로운 탄생이거나 생성이거나 신생의 영지여서

지하로 내려가는 돌계단에서 울고 있는 여인이여

근원으로 가는 돌계단은 더 멀리 있다

묵묵한 시간이 흐른다 여인은 머리를 풀어 헤친다
해는 낮은 구름에 걸려 솟아오르지 못한다
도시의 골목들이 사라지고

산 자의 오열 속에서 마지막까지 웃고 있는 영정

대지에 무수히 착지했어도 마지막으로 착지해야 하는

2부

달빛 살해

파도는 자신의 몸에 올라타 보석이 되는 달빛을 살해하고 싶었다
감옥문은 문 뒤의 어둠 속에 든 마지막 발자국을 살해하고 싶었다

살의에 대한 공유는 빠르게 끝났다 비밀은 순간의 묵계였다

달빛이 대지와 꽃들과 잎새들과 부러진 가지 위에 넘친다

달빛 살해, 창백하게 굳어진 입술이 파도에 묻힌다
수많은 발자국이 파도에 살해되어 어둠에 들게 했다

감옥문은 살해에 가담하지 않았다
마지막 발자국은 한 남자의 생이었다

파도에게 감옥문은 새로운 비밀을 제안했다

지순할 수 없는 사랑의 슬픔에 대해

살해, 그 용기에 대해

사라지는 도시

그녀의 이마는 차갑고 부드러웠다

그녀는 가슴에 어깨를 기대고 엘리베이터가 지하 1층에서 지상 1층으로 올라가는 동안 눈을 감고 있었다 엘리베이터가 멎는 순간 여러 개의 눈동자가 그녀의 어깨와 이마에 꽂혀 있었다

목소리의 떨림이 엘리베이터 때문은 아니었다

목소리 속에 숨겨 놓은 음어가 있다는 걸 눈치챘다
슬픔이 새벽안개처럼 스며들었다
떨리는 목소리 이후 많은 것들을 잃었다

이 시간이 희미해진 지난날을 길어 올리는 유일한 시간이다

존재하는 모든 내면은 다른 내면으로 침투하지 않는다

그리하여, 한 순결을 다른 순결에게 헌정할 수 없다는 걸 깨닫게 되면 연모는 엘리베이터 속에 갇힌다

창밖 회색 어둠이 검보라색으로 바뀌고 도시가 사라진다

말레콘

　말레콘은 충동 아니다

　말레콘 앞바다의 거대한 파도에 휩쓸려 사라지고 싶다는 생각은 오래되었다

　말레콘 앞바다는 어떤 말로 표현해도 이를 수 없는 색깔이다
　심지어 커피의 맛에 따라 바다는 다른 색깔을 입는다

　바다의 색깔은 무한이어서 한 번도 같은 색깔을 보여준 일이 없다

　방파제에 와서 부서지는 파도의 포말은 눈부신 흰색이다
　포말의 뒤로 거대한 파도의 성채다

파도의 성채는 무수한 혼령의 거처다

그곳에 내 거처가 있다는 걸 아는데 오래 걸리지 않았다
파도의 성채가 보이기 시작한 후 고열에 시달렸다

파도의 울음은 주술이었다

밤마다 방파제로 혼령을 불러냈다
파도는 혼령의 무수한 상처를 씻어 냈다

나는 돌아갈 것이다

마리아넬라의 혁명

마리아넬라가 아투로를 만난 건* 운명 아니다
실패한 혁명이 운명이다

그녀는 아투로를 극단의 대치로 끌고 갔다
그럴수록 아투로는 그녀의 혁명을 증오했다

처음부터 아투로가 그녀를 탈출의 출구로 삼으려 했던 건 아니다

그녀를 야구장으로 불러내 '판타지 이스케이프'를 트럼펫으로 연주한 건 음모였다
"당신을 위한 즉흥곡이지, 곡목은 마리아넬라야"라고 말한 것은 나쁜 남자의 전형이다

---

* 조셉 사전트 감독 작품 《리빙 하바나》

'판타지 이스케이프'는 아투로의 탈출 음모가 숨겨진 반혁명 판타지다

아투로에게 쿠바는 슬픈 조국이었다

아투로는 혁명에 반기를 들었으므로 고백해서는 안 되는 거였다

혁명의 시작은 눈빛이고 혁명의 완성은 배반이다

하바나에서는 누구나 트럼펫 연주곡 '판타지 이스케이프'를 감상할 수 있다
그것으로 반혁명분자가 되는 건 아니다

등을 돌렸을 때 재즈는 범죄다

두려울 수는 있어도 절망할 수는 없다

모든 권부의 거짓을 석관에 봉인하고 혁명을 해방하는 것

내게는 그게 전부다

고문

아흐파트 수도원이 고문이고 흔들리는 첨탑이 고문이다
흩어진 머리칼이 고문이고 슬픔에 찬 눈망울이 고문이다
조용한 발소리가 고문이고 희미한 미소가 고문이다
희고 긴 손가락이 고문이고 붉은 수술 자국이 고문이다
침묵이 고문이고 그레고리오 성가가 고문이다
뜨거운 몸이 고문이고 복부의 십자가 문신이 고문이다
깊어지는 계절이 고문이고 성당 바닥의 석관이 고문이다

사원에서 암살당한 시인 사야트 노바가 고문이고 본명, 아루틴 사야딘이 고문이다
본명으로 살지 못한 일생이 고문이고 수많은 유작의 시편이 고문이다

시편은 고문으로 만들어진 감옥이다

천 개의 등

긴 침묵이 출국을 위한 예리한 질문인지 몰랐다

몇 년이고 침묵할 수 있을 것이다

겨울에 남긴 목소리가 여름에 들리지 않는 것은 음역의 소멸이었다
언젠가 탄식으로 솟을 것을 알았다면 비자나무숲은 피했을 것이다

밀회의 숲에서 비명소리가 들렸지만 서로의 몸에서 일어설 수 없었다

연련이었고, 그 후 오열이었다

해는 숲에 오래 머물다 떠났다
낮달이 해를 따라 머물렀다

숲은 더 선명해지고 바람은 부드럽게 숲을 통과해 산맥을 넘었다

천 개의 등을 구해 숲으로 간 날이었다
천 개의 등을 몸 곳곳에 달고 난 새벽이었다

복부에서 비밀스런 안개가 피어올랐다

시나힌 수도원

시나힌 수도원으로 가겠네 가서 사제가 되겠네

침묵으로 십 년쯤 보내며 세상의 말을 버리겠네

말소리가 조용해지고 기척이 적어지는 건 세사를 버리겠다는 의미다 미궁의 나날들이 무겁게 흘러간다 석류나무 그늘이 하루의 모서리를 건너며 길어지는 걸 보는 날은 가창오리 떼가 북쪽 하늘로 날아간다 마음이 들끓는다 계절을 보내는 일이 왕대나무를 꺾는 고통이다

미궁 이후 모란 꽃망울 보는 일로 붉어지는 호수를 건넌다 호수가 검게 변한 후에 돌아오는 서재는 어둠의 밀실이다 불을 밝히지 않고 밤을 지새운다 달이 빠르게 숲을 버리고 서산에 머문다 마음이 달빛에 그을린다 가슴에 손을 얹는다 심장은 멎은 지 오래다 유령으로 살아온 날들이 아프다

미혹의 날들이 많아지며 궁극은 나 자신이었다 생애를 의심하고 사랑을 의심하고 마침내 세상을 의심하기 시작했다 시나힌 수도원은 구원이 될 수 있을지 모른다 수도원의 검은 벽과 구멍 뚫린 지붕과 중앙 돔을 지탱하고 있는 돌기둥의 경건을 내 문장으로 가져올 수 있다면 미혹을 끝낼 수 있을지

　시나힌 수도원에서 아물지 않는 상처를 만났네

　상처가 시나힌 수도원이었네

다음 생까지는 멀고

왜 흰 회벽으로 된 방에 유폐되어 있는지

천천히 하얀 회벽을 둘러보거나
낡은 서간집의 표지를 들여다보거나
부장품, 레벡의 네 현을 튕겨보거나
Time to say goodbye를 허밍으로 노래하거나
여러 개의 촛불을 창틀에 올려놓거나

실루엣이 하얀 회벽에 유령처럼 일렁인다

젖은 눈을 감았다 뜨면 밤이고 다시 감았다 뜨면 낮이다
밤과 낮이 눈동자 안에 있다

창틀의 촛불이 꺼지기 시작한다

황홀한 착란의 시절은 스치듯 지나갔다
유폐는 선택이었다, 밤은 며칠씩 계속되었으니
잠시 행복했고, 늘 얼어 있는 입술로 불행했다
얼어 있는 입술을 이 생에서 녹일 수 없다

다음 생까지는 멀고

비탄의 힘

회칠한 얼굴에는 표정이 없다
내가 가고자 하는 곳은 노을이 타오르는 대지다
이미 그곳에 가 있을 것이다

당신은 먼 대륙의 생명력 넘치는 리듬을 택했다

두려움 없는 아침을 만나고 싶었을 것이다
절망을 건너는 밤의 웅혼한 빗소리를 외면했다
빗소리는 차고 시린 비명의 전주였다

나는 비탄을 몰랐고 당신은 알아 요동치는 심장을 숨겨왔다
 비탄의 힘으로 생이 완성되는 대지는 누군가의 모국이 된다

 잃어버린 시간은 당신 심장에 매달린다

 당신은 내 모국이다

밀랍의 성채

분노의 화염이 일던 날, 밀랍의 성채는 녹아내렸다

성채는 몸이었으니, 밀랍은 말이었으니
말로 세운 몸이었다

밀랍의 성채에서 일생을 마치려고 나비를 불러 모았다
날개의 현란한 문양은 어둠이 바탕이었다

허약한 말의 몸들은 나비 날개의 허망한 문양이었다

단 한 번의 불길로 녹아내린 밀랍의 성채였으니
긴 혀를 가지고도, 깊은 눈빛을 가지고도 막을 수 없었던 불길이었다
정념의 시퍼런 불꽃은 조급한 후생의 변주였다

새벽을 안았던 몸이 돌아갈 길에서 혼돈을 겪었다

용서를 말 할 수 없는 몸의 비애다

검은 불꽃

검은 불꽃이어서 검은 웃음이어서 검은 마음이어서

검게 물드는 세상

검은 목련이 피고 검은 안개가 흐르고
검은 독수리의 계절은 끝이 안 보인다

모든 문은 검은 세계로 열려 있다
검어서 친근하고 불안한 하루하루다

검은 불꽃은 아무것도 불사르지 않는다

인간이 인간을 불사른 후 붉은 재가 남는다
독선의 역병이 검은 인간을 복제한다
붉은 재는 복제 인간의 감정이 타버린 흔적이다

사방으로 번지는 검은 불꽃

잠깐 사이에 봄꽃들이 검게 핀다
검어서 매혹적인 꽃들 위에 검은 햇빛이 내린다

검은 햇빛과 입 맞추는 검은 꽃들

검은 관이 가지런하게 놓인 성당의 성모상
검은 미소를 띤다

대지는 검은 침묵에 든다

미선나무 흰 꽃

몰래 핀 미선나무 흰 꽃이 가여웠다

봄 아니라고, 꽃망울 웅크리고 막무가내
이 봄을 건너가 줄 수 없었는지,
산그늘 슬쩍 걸치고 이팝나무 아래
차령 모르게 몰래 핀 미선나무 흰 꽃이여

당신, 가여웠다

피를 나누지 않았으면 영혼을 나눠야 한다

남몰래 햇살 훔치지 않았다면 저처럼
환하게 봄을 부르지는 않았을
흰 꽃, 수심으로 하얗게 번지는
당신을 달빛 모르게 건너는 밤이여

당신이어서 더 가여웠다

바람 많은 날 미선나무 아래 그림자를 숨긴다

꽃 핀 봄날은 내게 모욕이다

꽃들의 경련

산수유가 노랗게 치정의 말들을 버리고
진달래가 욕정을 못 이겨 질펀하게 누웠다면

꽃들의 경련을 본 것이다

꽃들은 치정과 욕정 사이에
길게는 열흘간의 생애를 던진다

꽃잎 한 장에 달그림자를 그리고 꽃잎 한 장에 비탄을
그리고

뛰어내리는 그곳이
대지거나 강물이거나
낙화의 순간은 숨 막히는 적막이어서

그걸 보았다면 진실에 가깝다

그곳은 어둠의 숲이거나 소신의 꽃불이다

대리석 바닥에 새겨진 명문은 숨겨졌던 연서였다
꽃잎에 새겨져야 거미줄 위로 파경을 옮길 수 있다

한 생애, 꽃잎 뛰어내리는 순간

서녕

　대지를 거느린 아름다운 처녀

　희고 가는 손가락으로 낯선 나라의 봄 여름 가을을 헤아리다 잠이 드는 이슬이다
　하루 또 하루를 부르는 서녕, 달콤한 목소리로 바람을 부르면 바람이 달려오고 나무를 부르면 나무가 달려온다 다퉁의 성벽도 달려오고 깊은 우물도 달려온다

　헤어진 연인의 이름은 부르지 않는다 부르지 않으면 이 세상에 존재하지 않는다 유년을 부르지 않으면 유년이 사라지고 별을 부르지 않으면 별이 사라진다 호명은 서녕의 숨결이다 살아 있게 하는 눈빛이고 생명이다

　서녕이 불러주어 밤이 있고 낮은 목소리가 있다 그것으로 새싹 같은 귓불을 알고 발개지는 목덜미를 안다 쇄골에 머무는 달빛을 알고 가슴에 숨겨둔 무지개를 안다

금강소나무 거목들이 다퉁의 뜰로 옮겨 가 푸른 그림자를 드리울 걸 안다

사랑하는 이유는 더 있다

크레타섬

그 섬에 가면 영웅을 낳은 어머니의 무덤을 볼 수 있다

그 섬의 영웅은 섬을 지켜내려다 전사한 민병들이었다
공동묘지에는 전사자들의 어머니가 불편하게 누워 있다

어머니들은 밤이면 분노하고 소리치고 흐느낀다

수퍼문이 떠오르는 밤이면 모든 어머니들이 무덤에서 나와 춤춘다
딱 하룻밤이다 그 밤은 영웅을 낳은 여인들 같지 않다

수퍼문이 분홍빛으로 물들면 어머니들은 그들의 집으로 돌아간다

그 섬에는 분노와 정의가 서로를 놓아주지 않아 바람이 세차다

그 섬의 어머니들은 '우리는 아무것도 바라지 않는다. 우리는 아무것도 두려워하지 않는다. 우리는 자유다.'라고 외쳤을 것이다

그 절규를 영웅들이 들었을 것이다

수퍼문을 보며 크레타섬에서 울

몽유

마음속 소용돌이가 두렵다

분노이기도 하고 저주이기도 하고 절망이기도 하고 파멸이기도 한
마음속 소용돌이가 치면
혼곤한 잠에 빠진다 잠은 며칠씩 계속된다

그 후는 몽유다

검은 공간에서, 서가의 책을 진종일 펼쳐본다
책의 오래된 냄새가 마음속 소용돌이를 진정시키지 못한다

이메일을 소급해서 읽는다
숫자로 가득한 메일은 무슨 의미인지 알 수 없다

거리는 온통 데드 마스크다

죽은 자들의 신발을 다 꺼내놓는다
산 자의 신발이 사라졌다

어둠을 벗어나기 위해 손을 씻는다

손이 사라진 손, 발이 사라진 발, 얼굴이 사라진 얼굴은
망연이다

무엇을 만질 때마다 손은 조금씩 사라지고 있었다
경계를 걸을 때마다 발은 조금씩 사라지고 있었다
신 앞에 나설 때마다 얼굴은 조금씩 사라지고 있었다

조금씩 사리지고 있는 몽유다

지금 몇 시인가

갈망

 갈망은 새들의 붉은 발가락을 부르기도 하고 눈물의 깊이를 부르기도 하고 저주하는 입술을 부르기도 했다 그것들은 실의를 남기고 생애에서 사라졌다 생애는 문장보다 짧았으며 문장은 겨울 해보다 짧았다

 갈망은 먼 눈빛으로 산동백을 꽃 피우게 했다 그 감동으로 몇 년을 견딜 수 있었다 미친 듯 바람 뒤집히던 날 갈망은 낯선 체취로 무너지는 불빛이었다 문밖에서는 강물이 흐느끼며 흘러갔다 불빛이 강물에 얹혀 나머지 생을 흘러가고 있었다

 갈망은 달빛 사원을 세웠다 달빛 사원에는 죽은 자들의 거울이 파경의 모습으로 살아 있어 피투성이의 몽유를 비춰주었다 파경은 찢긴 염원이었다 달빛 사원 흐려지고 암전의 날들이 빠르게 갔다 의식이 흐려지면 눈빛은 선명해져 몰락의 징후가 보이는 것이다

 갈망으로는 건널 수 없는 간극의 시절은 계속된다

3부

대지와 어둠과 별빛

상서로운 이여,

대지와 어둠과 별빛이 가슴을 가득 채우지 않던가요?
그녀가 촛불을 밝히며 물었으나 대답할 수 없었다

그녀는 무릎 사이에 어깨를 묻고 대답을 기다렸다

그녀는 대지와 어둠과 별빛보다 더 깊이 내 가슴을 채운다

처음 마주 앉았던 날의 떨리는 시간을 무어라고 말 할 수 있을까
중원의 봄은 여기보다 늦어 그 봄을 보고 오느라 이제라며 미소 지었다

유년을 수놓은 성곽의 아름다운 곡선과 윈강 석불의 미소와 핏빛 석양의 서러움이 가슴을 채우는 순간들, 그로 인해 혼절했었다고 부끄러워하는 그녀,

이제는 내 모국어로 그녀 가슴을 채워, 신비로 가득한 혼절을 보겠다

중원은 멀고

서쪽 하늘이 붉은색으로 변하는 시간을 기다린다

바닷가의 이별

*

두 사내의 이별 형식은 시르타키 춤으로 끝났다

어깨에 맨 산투르를 추스르며 떠나는 사내가 말한다*
— 내가 어떻게 당신과 헤어질까, 당신 없는 이별을 어떻게 견딜까
의자에 앉아 고뇌하던 사내가 말한다
— 차라리 내가 불운하여, 당신을 만난 적 없다고 맹세하리
떠나는 사내가 눈물 글썽이며 대답한다
— 나 역시 당신 본 적 없다고 말하리

사내가 떠나자 산투르의 현란한 음률이 에게해를 끌어당겨 춤추게 한다

*

너를 만난 적 없다고 담담하게 말 할 수 있었으면 좋겠다
고통 없이 서로의 눈빛을 되돌려 받을 수 있었으면 좋겠다

가슴 속 파란 불꽃은 꺼지지 않았으면 좋겠다

어떤 그림자도 대숲에 남아 흔들리지 않았으면 좋겠다

모든 언약을 단번에 삭제할 수 있었으면 좋겠다
이니셜이 찍힌 가죽 명함집은 남겨두었으면 좋겠다

일몰의 바닷가에는 서지 않겠다

* 야니스 즈마라그디스 감독 《카잔차키스》

시경재의 일상

 유리창으로 호수의 몸빛을 본다 몸빛은 수시로 바뀐다 지금은 오월 초순의 산색이다 시야를 가리던 개나리를 낮게 전정하고 나서 곤줄박이가 보이지 않는다 개나리 숲속에서 몇 개의 새집이 보이더니 곤줄박이 집이었나 보다 졸지에 집 잃은 곤줄박이에게 미안하다 개나리가 그만큼 자라려면 10년이다 누구에게나 10년은 가혹하다

 가혹한 것이 사는 일이다

 이른 봄에 심은 배롱나무가 궁금하다 오월이나 되어야 새순이 돋는 배롱나무라서 잊고 있었다. 잔가지를 살펴보아도 싹이 돋을 기미는 보이지 않는다 100년을 생각하고 심은 배롱나무는 살아 있는지 죽어 있는지 알 수 없다 아직은 새싹이 돋지 않았다고 포기할 때가 아니다 아직은 이라는 말이 좋다 언젠가는 닿을 곳에 닿는 것이 사람 사는 일이다

사는 일은 언제나 미혹이다

숨겨진 기쁨을 몰라 불행이다

Gerry Mulligan의 색소폰 연주 Israel을 반복해서 듣는다

재즈는 구름에 걸린 차령을 볼 부비게 한다

예감

그녀의 목소리에는

티베트의 바람과 햇빛과 오보에 걸어놓은 색색의 깃발이 펄럭인다

그녀의 목소리에는 티베트 소년의 맑은 눈동자가 보인다
소년은 10년째, 그녀의 가이드다
지금은 우람한 어깨를 흔드는 청년이다

그녀는 밤하늘의 별을 보며 젊은 날의 에베레스트를 생각한다

티베트의 별은 유리알처럼 투명하다

그녀는 새로운 별자리 하나를 만들 수도 있겠다는 예감에 떤다

검고 푸른 하늘을 오르는 상상은 위태롭다
그녀가 부르르 몸을 떨며 외친다

"카일라스라면 죽어도 좋아"

가이드가 달려온다
별똥별이 빠르게 검은 하늘을 긋는다
그녀의 가슴이 그어지고 어둠이 피처럼 솟는다
가이드는 그녀의 가슴에서 솟구치는 어둠을 온몸으로
받아낸다

예감은 때로 불길하고 때로 찬란하다

석류의 어둠

석류를 죽이는 일은 경건이다

색채의 현란한 출혈은 살아 있는 자의 깊은 상처 위에 있다

죽은 석류의 몸에서 뮤즈의 붉은 계절이 흐른다
사제는 램프를 흔들어 죽은 석류의 혼령을 보내려 한다

떠나지 못하는 석류의 혼령은 음유시인의 노래에 얹혀 성가로 떠돈다

수도원은 혼령들의 소리 없는 성가로 봉헌 시간을 기울인다 흰 수녀복이 핏빛으로 물든다 사제는 음유시인을 수녀 앞에 무릎 꿇린다 음유시인의 눈에서 노을이 흐른다 음유시인을 성당의 대리석 바닥에 눕힌다 사제가 음유시인을 밟는다 붉은 계절이 대리석 바닥을 적신다 사제가 밟고 있는 것은 석류다 죽은 석류의 몸에서 석룟빛 절망이 흘러

내린다 종루에서 죽은 수녀가 내려온다 수녀의 가랑이를 타고 종소리가 흘러내린다 음유시인이 죽은 수녀를 껴안는다 석류의 빛깔이 점점 어두워진다

 수녀들이 번제물로 쓰일 어린 양들을 안고 성당으로 올라온다 수녀들의 순결한 볼 위로 눈물이 흐른다

 음유시인은 노래한다

 ─내가 살든 죽든 내 노래는 사람들을 깨울 것이니 아무것도 세상에선 사라지지 않으리 내가 마지막 떠나는 날이라 해도*

 석류의 빛깔이 검게 빛난다

 세상의 어둠은 석류에서 시작된다

* 세르게이 파라자노프 감독의 1968년 작품 《석류의 빛깔》

몽마와 악마

여자는 밤이 얼마나 두려웠을까

몽마는 여자의 아름다운 복부에 대고 귓속말로 돌아가자고 유혹했다
몽마는 타오르는 불길이었다
밤마다 열락과 비참이 여자의 온몸을 훑고 지나갔다
몽마는 완강한 어둠으로 여자의 슬픔과 고통을 덮었다
몽마의 몸에서는 달빛 냄새가 났다 어둠 냄새이기도 했다

여자는 누워서 몽마의 등 뒤로 펼쳐진 별을 헤아렸다

별을 다 헤아리도록 비명은 들려오지 않았다
여자는 처녀림을 생각했다 아무도 밟지 않은 순결한 숲의 고요를 생각하는 순간
여자의 몸이 떨려오고 비명은 여자의 몸에서 먼저 터졌다

여자의 비명은 금기였다

그 밤 몽마는 등을 보였다

여자는 몽마를 떠나 숲으로 갔다
여자가 숲에서 만난 것은 정령이었다
정령은 악마의 다른 이름이었다

여자는 몽마를 떠나 악마에게 간다

백련

오랜 연련을 밝히고 있는 불빛

흔적을 남기는 것은 불길의 징후

가슴골에 연비를 숨기는 것은 모독

묵시의 날들로 순명을 부르는 미혹의 내세

물속에서 수줍게 조우하는 연민

닿을 수 없는 창백한 입술

구룡포

내 구룡포는 가난하고 정처 없다
오늘은 어느 수평선을 떠돌다 지쳐 돌아올지 모른다

피 흐르는 내 구룡포, 피 흘리며 날뛰는 내 구룡포

잠잠하라 고요하라 이르지만

더 거칠어지는 구룡포를 부여잡고 몸부림친다
구룡포는 탈출을 꿈꾸고 나는 구룡포를 가두려고 애쓴다
구룡포는 상처투성이고 겹겹이 와서 쓰러진다
나는 구룡포를 위로하지 못한다

따스한 눈빛은 사라졌고 붉은 마음은 어두워졌다

이제는 구룡포 파도 소릴 잊었고, 백두대간을 넘지 못한다

케이틀린*의 메이크업

　케이틀린의 환생을 위한 작업은 외경스럽고 경건하다

　모린은 전형적인 서부의 통통한 주부, 심근경색이 사인이다
　눈썹을 정리하고 얼굴의 검어지기 시작한 피부를 숨기고 입술을 바로 펴고 눈을 감기고 콧날을 세우면 메이크업이 시작된다
　스킨을 바르고 아이크림으로 눈가의 주름을 펴주고 선크림을 바르면 기초화장은 끝이다

　손끝에 닿는 시신의 얼굴은 얼음처럼 차다

　색조 화장으로 모린을 환생으로 이끌 차례다
　모공 프라이머, 메이크업 베이스, 파운데이션, 파우더의 순으로 정성껏 살아 있는 모린으로 숨을 불어넣는다

정작 남편 매쉬는 모린의 아름다운 모습을 보러 오지 않았다

 그녀가 모린의 유골함을 매쉬의 아파트로 찾아가 전했을 때 휠체어를 타고 있는 매쉬는 모린의 유골함을 가만히 흔들었다

 다음 날, 매쉬의 시체가 모린의 유골과 함께 화장장으로 왔다

 부부를 함께 화장하며 케이틀린은 울었다
 처음 터뜨리는 울음이었다

 속죄 이후 내 안에서 터지는 통곡이기도 했다

 * 20대인 그녀는 LA서 장례회사를 직영하며 유튜브 '장의사에게 물어보세요'를 운영함

반생

원망과 냉소로 반생을 가시밭에 두었습니다

원망과 냉소는 목련꽃 짧은 생애에서 크고 깊습니다

가지를 옮겨 앉는 새들이 종일 눈길 주던 목련꽃은
당신이 베데스다로 떠나자 갈색으로 변하고 있습니다
목련꽃에게 기우는 등을 보여서는 안 된다고 했던 당신이었습니다
나는 고뇌의 꽃잎을 위해 계절을 건너지 않습니다
목련꽃 지고 나서 봄을 더 깊이 앓습니다

원망과 냉소는 붉은 달의 심장을 겨냥합니다

달빛에 가려진 생의 안간힘으로 늘 얼굴빛이 붉었던 시절이 있었습니다
지상의 달빛이 모두 죽었습니다

비가는 줄줄이, 붉은 얼굴로 올라가고 있었습니다
달빛이 살아날 징후였습니다

당신의 건강한 무릎이 기억나지 않습니다

당신의 베데스다에는 가지 않겠습니다

검의 영토

다마스쿠스 검은 강하고도 부드럽다

신화로 신화를 낳는 다마스쿠스 검은 제국의 황제를 세운 검이다
그 검으로 정복을 꿈꾸고 영토를 넓히고 성을 허물고 쌓았다

그 검으로 새 영토의 여인들 허벅지를 그었다

다마스쿠스 검은 저주였다
그 검으로 제국이 잘려 나가고 영토가 토막 나고 황제가 교수대에 섰다

그 검은 황후를 정복자의 침대에 오르게 했다

다마스쿠스 검은 눈빛이다

날카롭고 부드러운 눈빛은 폐부를 찌르고 상처를 감싼다

다마스쿠스 검은 안타까움이다

안타까움은 초여름 햇살에, 충절의 묘지에 가득하다

그 검 아래 놓이는 세상의 목소리들은 절망으로 깊어진다

다마스쿠스 검은 푸르게 살아 있는 오늘의 제국이다

잠시만 더 머물게 하라

계절을 지나 매달려 있는 참회나무 붉은 열매, 단호한 결의를 보고 있노라면 그의 문장이 떠오른다

'잠시만 더 머물게 하라'

젊은 날 분노의 파도가, 섬의 새벽안개가 그를 놓아주기 싫었을 것이다

죽은 자가 남긴 한 줌의 흙 속에

투쟁과 고뇌는 보이지 않는다
무수히 흘린 핏자국은 보이지 않는다
투옥과 수형의 흔적은 보이지 않는다

잠시만 더 머물게 해달라는 참회나무 붉은 열매는 환생을 꿈꿀 것이다
환생의 길이 있을지라도 그건 불길한 미래다

지금은 치열하게 매달려 있는 것으로 생의 마지막을 성찰한다

뛰어내릴 시간을 바람에게 묻는다 하더라도 결단의 못은 변하지 않는다
폭풍우와의 사투를 견딘 의지다
붉은 열매 속에 그가 보인다

참회나무를 참회 나무로 읽는다

참회 나무 붉은 열매로 생의 가지에 오래 매달려 있고 싶다

천 개의 눈을 가진 바람

전나무숲에는 천 개의 눈을 가진 바람이 있다

숲을 미친 듯 사랑하는 여자의 계곡이 있다
계곡을 덮고 있는 안개가 있다

안개는 늘 몽환이었고

여자는

  수많은 파탄을 보았으므로 숲을 흔드는 바람은 파탄보다 아프지 않다
  새벽안개를 따라 숲에 드는 날은 계곡 물소리가 가던 길을 되돌린다

물소리는 안개 속으로 여자를 밀어 넣었다

여자는 나지막하게 티베트 민요 아로야를 흥얼거린다

천개의 눈을 가진 바람은, 이름 잊은 사내다

여자는 사내의 주술에서 풀려나지 못했다
사내는 결계였다

안개는 숲을 껴안고 놓아주지 않았다

여자도 놓아주지 않았다

사제와 촛불

사제가 준 것은 상처였던가

향기로운 빵은 아니었던가

사제는 흰 사제복 위에 검은 사제복을 입고 나타났다

누가 먼저 장례미사를 만나게 될지는 신의 소관이다

복사 소년은 광장의 햇살이다

광장에 수많은 촛불을 밝힌 건 사제다

촛불 가운데 누웠다

비둘기들이 날아들어 촛불 사이를 종종거렸다

사제에게 심장에 날카로운 화살이 박혀 있다고 고백했다

종소리가 들렸다

종소리가 사원의 담을 넘어 날아갔다

종소리를 따라가지 않았다

사제가 성호를 긋자 가슴에서 흰 연기가 올랐다

촛불을 불어 껐다

촛불은 정오가 지나서 모두 꺼졌다

세례명을 부르며 성호를 긋던 신자들이 떠났다

흙바닥에 엎드려 울었다

흙에서는 향기가 올라왔다

향기는 몸으로 스며들었다

흙은 많은 사람의 이름을 부르며 붉게 물들었다

흙은 오래 아름답다

비애

입술이 경련하는 것으로 무슨 말을 하려는지 알았으니까
어깨 너머로 숲이 기울고 시든 풀들이 일어서고 있었으니까
무섭지 않아 더 무서울 수 있겠다고 생각했으니까
비애 속으로 별을 끌어들인 순수였고 달빛 고인 호수였으니까
아득히 먼 우주 공간에 보일 듯 말 듯 붙박인 별을 두려워했으니까
비애 속의 별은 허구인 걸 깨달았으니까
갈 수 없는 거리인 걸 알았으니까
여름날은 비밀스럽게 흘러가고 노각나무 흰 꽃은 툭툭 졌으니까
낙화가 비애의 은유인 줄 몰랐으니까
피 흐르는 잔을 띄워 보내며 울먹였으니까
그날 심장을 주었으니까

심장을 주었으면 어떤 말도 해서는 안 되는 거니까

이 비애의 끝은 희극이니까

섬망

새들의 환각은 밤이 짧다 새들은 바다 속의 태양을 끌어올려 수평선을 환각 위에 놓는다 새들의 환각은 구름을 물고 안데스산맥을 넘게 만든다 새들이 페루의 해안에 무덤을 짓는 것도 환각이다 새들의 비의에 찬 무덤을 처음 발설한 사람은 로맹 가리였다

무덤의 저주로 로맹 가리는 환각을 앓게 되었을지 모른다 로맹 가리의 환각은 에밀 아자르였다 떠오르는 신예 에밀 아자르는 '나는 마침내 완전히 나를 표현했다'고 쓰고 총구를 입에 물었다 새들의 무덤 옆에 눕지는 않았다

환각은 평론가들을 수치에 들게 한다 동일 작가를 퇴물 로맹 가리로 매도하고, 떠오르는 신예 에밀 아자르로 추켜세운 건 평론가들의 환각이었다 로맹 가리는 관에 누워서 미소 지었을 것이다 작가는 환각에 의해 영토를 넓히고 환각에 의해 식민지가 된다

페루의 해변에 달빛이 고이고 무덤을 향해 날아오는 새들의 날갯짓 소리가 파도 위에 얹힌다 밤바다는 새들을 위한 기원으로 가득하다

새들이 왜 페루에 와서 죽는지 아는 사람은 로맹 가리뿐이었다

그 사실은 에밀 아자르도 몰랐다

청춘

숲속의 야생화는 아직 지려고 하지 않았는데

마음 조급해서 어두워지는 준령에 숲을 그리고
야생화를 그리지 않았던 것이다

숲은 그곳에 사는 사람의 숨결이다

숨겨놓은 자작나무숲은 며칠째 화마를 건너고 있었다

마지막 화폭을 위해서 불타는 숲을 떠나지 않았다
마지막 화폭은 잿더미로 쓴 유서였다

숲에는 지금도 준령을 담은 화폭이 야생화 사이를 떠돈다

젊은 날이어서

화가의 이름으로 불타버린 자작나무숲을 부른다
　잿더미 위에 별들 지나간 흔적 남아 있다

　청춘은 그렇게 지나가는 것이다
　수많은 청춘이 준령에 젊음을 헌정한 후

　준령은 야생화의 꽃그늘이거나 숲을 건너온 부드러운
바람이거나

　목 놓아 부르는 이름이었다

4부

돌아오지 않는 날

심장에 무거운 침묵을 올려 떠나는 여행이었다

지친 나비의 날개를 위로하기 위해
흰 꽃들의 하염없는 낙화를 눈물짓기 위해
설레었던 순간의 깊은 화인을 지우기 위해

계절 내내 흔들리는 눈빛을 위해

마침내, 떨림을 멈추기 위해 떠나는 여행이었다

속죄일 거라고, 속죄여야 한다고 가슴을 쥐어뜯던 회한의 시간들을
 목숨하고는 바꿀 수 없는 거냐고 수없이 반문하고 반문했던
 하루하루,

불면 속의 악몽과 밤마다 내리는 장중한 빗소리의 힐문
과 두려움,

돌아오지 않는 날의 번뇌를
다 사면받을 수는 없겠다

이 여행이 행복하기를, 그리고 돌아오지 않을 수도 있기를

베네치아 요새로도 안 된다

불길하고 위태로운 혁명의 열기가 메마른 언덕까지 차오르던 섬은 조용해서 두렵다 언제 섬 사내들이 장총을 들고 골목에서 튀어나올지 모를 일이었다 섬은 분노와 적의의 식민지였다 크레타의 사내들은 두렵지 않아야 자유인 걸 터득했던 것이다

에게해는 잔잔하다

터키인을 목매달았던 나무는 고목이 되었다 섬 사내들은 손도끼를 능숙하게 다룰 줄 안다 처자식과 크레타를 지키기 위해 메사라 평원에 터키인들의 피를 흐르게 했을 것이다 거칠고 용맹스런 사내들은 공동묘지에서 붉은 무덤을 이루고 산다

에게해는 잔잔하지 않다

뚱뚱한 영국인 여자가 운영하던 호텔은 사라지고 베네치아 항구의 불빛은 애처롭다 항구의 낡은 호텔에서 베네치아 요새가 보인다면 하룻밤 풋정이어도 후회는 없었겠다 다운타운을 지나 내항에 정박 중인 소형선박에서 흘러나오는 따스한 어둠을 만난다 눈물 차오르는 화면을 견디기 힘들다

에게해는 파도가 일기 시작한다

목숨으로 지켰던 크레타에 스타벅스가 상륙했다 섬 사내들은 스타벅스가 침략자인지 모르고 있지는 않았을 것이다 크레타는 이민족들의 화폐에 속살을 다 보여주었다 베네치아 요새로도 지키지 못하는 크레타다

에게해는 파도가 거세진다

차산은 어둠을 그리지 않았다

차산此山*은 될 수 없겠다

지재只在*였다면, 시집 한 권이면 필생이겠다

저녁노을이 호수 가득 넘쳐 서산을 물들인다

서쪽으로 날아가는 가창오리 떼가 핏빛 속으로 사라진다

완벽한 소멸의 순간이다

창으로 자줏빛 밤이 몰려올 때까지 사라지는 노을을 본다

소멸은 어떤 빛깔도 남기지 않는다

적송의 검은 그림자가 창을 덮는다

촛불을 밝힌다

창밖은 깊어진다

호수에 떠 있는 초승달이 바람에 흐려진다

창으로 심해처럼 깊게 흔들리는 어둠이 보인다

시편 속으로 어둠이 밴다

시편에서 어둠의 냄새가 난다

촛불이 스스로 어둠에 든다

차산은 어둠을 그리지 않았다

이 시대의 어둠이 깊어지는 연유다

* 차산此山 배전은 김해 출신 문인 화가였으며 지재只在 강담운은 김해의 여류 시인이며 기생이었다. 당나라 시인 가도賈島의 시구 지재차산중只在此山中에서 지재와 차산을 호로 나누어 썼다. 세상 끝 날까지 산속에 머물겠다는 강담운의 결의였으며 그런 지재를 세상 끝 날까지 품겠다는 배전의 결의였다.

수향귀주도*

그림은 화가의 돌아갈 집이다

나룻배라면 집으로 가는 물길의 운치를 그려 즐기겠다
색향 평양기생들의 교태를 뿌리치고 오는 뱃길이다
수년을 기방에서 살았으니 대동강을 건너는 일이 벅차다
상앗대를 수백 번 옮겨야 겨우 강안에 닿는다
허균 형님의 '누추한 나의 집'은 시작도 못 했다 안 했다는 말이 맞다

가난한 선비에게 완벽한 공간, 더할 것도 뺄 것도 없는 공간을 어찌 누추하다 할 것인가 형님도 이제 노쇠해지시는가 보다라는 생각보다 술 깨면 떨리는 손으로 붓을 잡을 수 없었던 것이다 서경으로 보내온 형님의, 그림을 부탁하는 편지는 가끔 다시 펼쳐 읽지만 함께 보내준 채단과 종이는 손대지 않았다

나옹의 나이 서른이었다 기생들이 슬피 울었다
평양성 칠성문 밖 선영동, 기생들의 공동묘지에 묻혔다

도망쳐 온 평양에서 그를 반겨준 건 기생들뿐이었다
노래 한 가락에 그림 한 점, 춤 한 바탕에 그림 한 점이었다
세상은 그렇게도 건널 수 있는 강이었다

그가 돌아가고 싶은 집은 세상에 없었다

그가 나룻배를 상앗대 하나로 밀며 이 세상에 없는 집으로 돌아갔다

나, 돌아갈 집이 없다

* 水鄕歸舟圖, 나옹 이정의 그림

새벽 공기 가르며 차령 고개 넘을 제*

차령 기슭에 우거를 마련한지 십 몇 년이다
적송 사이로 금광 호수 가득 밀려와 출렁이는 곳이다
호수는 서쪽으로 트여 안성평야를 펼쳐 보인다
그가 차령을 넘었다면 필경 이 길이었을 것이다
새벽길에서 지는 하현달에 가슴을 베이며 울창한 수림을 건넜을 것이다
식량을 마련하러 넘는 차령이었으니 서글픈 여정이었을 것이다
차령 아래 안성객사에서 하룻밤을 묵고 새벽에 길을 나섰을 것이다
양식을 꾸어줄 친구가 진천일지 입장일지 혹 청주거나 상주거나 안동은 아닐지
울며불며 쓰러지는 나이 어린 마부는 어디쯤서 발병이 나 그가 말고삐를 잡게 될지

*권필

험한 산길은 어느 시절에나 평탄하리 한탄하며 차령 넘는 그가 추레했을 것이다

　차령을 올려다본다 우중 차령은 암록의 삼림으로 무겁다

　그가 무거운 마음을 '고한苦寒의 노래'로 달랬던 것이다

　그의 삶이 무겁고도 추웠던 것이다

　지금도 고한의 길은 계속된다

스텐카 라진*

돈강을 거슬러 오르는 배는 코사크 사내들을 끈다
강물은 빠른 듯 장려하다
돈강은 스텐카 라진의 슬프고 아름다운 멜로디를 품어 흐른다
스텐카 라진은 코사크의 어느 땅을 밟아도 서럽게 흐른다
어느 코사크인을 만나도 깊은 눈빛 속을 목메어 흐른다
말 탄 청년과 물지게를 진 여자의 동상은 돈강의 상징이다
이 장면이 소설의 첫 이미지다
모든 비극의 처음은 우연이다
마을은 백군과 적군으로 갈라지고 정의는 사라졌다
파괴와 살육, 복수와 복수로 피를 부르고 피를 마셨다
분노와 절망, 삶과 죽음의 간극은 흰 뼈들의 오열이었다
사내들의 가슴을 격랑으로 흐르는 돈강이었다
돈강은 스텐카 라진의 젊은 물길이다
슬프고도 서럽게 굽이친다

* 코사크 지방에서 유래된 러시아 민요 : 코사크 출신 스텐카 라진Stenka Razin이라는 인물이 짜르에 저항하는 농민 혁명을 일으켰다. 혁명군이 심비르스크에 이르렀을 때 그들은 짜르의 군대를 만나 패하면서 스텐카 라진은 간신히 돈강의 고향으로 돌아온다. 고향으로 돌아온 스텐카 라진은 짜르에게 충성하는 배반자들에 의해 체포되고 모스크바 붉은 광장에서 처형을 당한다. 비록 농민 혁명은 실패로 끝났으나 스텐카 라진의 위업은 민요로, 그림으로, 춤으로 만들어져 후세 사람들에게 전해져 내려온다.

석류를 심을 때이지만

잇몸 붉은 아기를 보는 것으로 눈물이겠다
젊은 엄마, 아기를 품에 안아 눈물이겠다
아기에게서 나는 향긋한 젖내로 눈물이겠다
어린 생명이 어디서 왔는지 외경스러움으로 눈물이겠다

석류를 심겠다 한 건 제자가 첫아기를 남편 가슴에 안겨 시경재를 찾은 후다 나는 아기의 웃는 모습에 눈물이 났다 저 어리고 눈부신 생명이 어디서 왔는가 가슴이 두근거렸다 아기가 돌아가고 나서 석류나무 심을 자리를 마련했다

하늘이 한껏 맑았다

붉은 잇몸의 아기를 주황색 석류꽃에 올려 눈물이겠다
주황 꽃잎 위로 페르시아 나비의 날개 펼쳐 눈물이겠다
바람은 주황의 꽃잎을 살포시 껴안아 눈물이겠다
붉은 잇몸의 아기를 꽃그늘 아래 뉘여 눈물이겠다

석류를 심을 때이지만

천둥과 번개로 백 년의 붉은 과육과 꽃향기를 어찌

황홀한 슬픔

이 세상에 속하지 않으니까

연민하려 하지 말라는 문장은 고백이 아니라 경고였다

어디에도 속하지 않은 세상의 창밖을 보고 있다
초연한 눈빛이 어두운 곳, 실의에 찬 미래에 오래 머문다

돌이킬 수 없는 허공이라고, 그렇게 단 한 번의 슬픔이고
불멸의 빛이라고 했던 말을 거두고 싶다

파멸이 오더라도
이해하려, 길들이려 할 것이고
연민 때문에 강을 건널 것이다

그게 불멸로 가는 길이니까

문장 한 행 한 행은 독약처럼 황홀하다

긴 잠에 든다 하더라도 서러울 일은 아니다

황홀한 슬픔을 알았으므로

얼리쥐

그녀는 떠나며 와인 한 병을 남겼다

심장이 무거워지며 정맥이 솟아올랐다

정맥의 비명을 와인이 들었다

슬픈 밤을 위해서 와인을 땄다

와인은 병의 상단을 채우지 않고 출렁이었다

그 빈 공간이 그녀였다

그녀는 마음이 조금씩 비워지는 걸 알았던 것이다

마음이 비워지고 있다는 걸 와인으로 알려준 그녀

와인을 따른다 울컥 핏덩이가 쏟아진다

줄어든 와인이 핏덩이로 변한 것을 그녀는 알았을 것이다

비워진 마음이 증오로 변하는 것을 그녀는 겪었을 것이다

무섭다와 무섭지 않다는 언약의 불문율에 닿는다

오늘도 와인은 조금씩 줄어들고 있을 것이다

비밀의 숲

새벽 예술인 묘역은 설렘 가득한 과거다

과거는 낡은 시간을 건너 불안한 미래에 닿는다

빛의 여명이 작가의 부조를 명암으로 드러낸다

그의 눈빛이 멀리 발틱해를 뚫는다

마지막 5분의 생을 고민했던 사형수는

1분 동안만 영하 50도의 백색 시베리아를 보고 싶었다

그 1분이 그를 살렸고 지금 이곳에서 영원을 살고 있다

그의 부조에 키스한다 입술이 차가워진다

그의 무거운 소설을 탐독했던 젊은 시절은 다시 오지 않는다

들리지 않는 노래들이 묘역을 비밀의 숲으로 만든다

어느 이름을 불러 슬픔을 위로받을지 잠시 생각한다

비밀의 숲은 슬픔의 문을 들어서면 보이는 정원이다

모든 사람이 비밀의 숲을 볼 수 있는 것은 아니다

그의 어둠을 알아야 슬픔이 보이고 슬픔을 알아야

비밀의 숲을 보게 된다

백화나무 그늘

그의 고향 뵤쉔스카야는 조용하다

그의 집에서는 강물 소리가 들리지 않는다
그는 백화나무 그늘 아래, 긴 잠에 들었다
흰색 묘지석에는 그의 이름이 소박하게 새겨져 있다

그는 참배객들이 돌아가면 조용히 일어나 강 언덕을 향한다
수만 년 유유히 흐르는 돈강을 본다
물빛은 생전처럼 변함이 없다
그는 혼잣말을 한다
"그 소설은 그리고리와 악사냐의 이야기가 아니라 돈강의 이야기야. 돈강의 무수한 삶을 그려보고 싶었어. 이념이나 가치나 윤리를 버리고 온전히 욕망으로 살아가는 코사크 사람들의 모습을 보여주고 싶었던 거야."

돈강은 그의 소설보다 훨씬 많은 삶을 품고 흐르는 걸 그는 안다

그는 환생을 꿈꾼다
그는 돈강의 이야기를 다시 쓰고 싶다
그는 자주 두 평 남짓한 좁다란 집필실에 놓여있는 책상과 의자를 쓰다듬었다
고뇌를 풀어가던 잉크스탠드와 두 개의 펜은 그대로다

강 언덕에서 돌아온 그는 초라한 흙침대 위에 놓인 꽃들을 챙겨 눕는다

백화나무 그늘이 사라지고 돈강이 그의 유택을 고요하게 흐른다

침묵의 이방인*

*

 안드레이는 마리나를 대문 앞에서 붙잡아 껴안는다 순간 키스한다 마리나를 감금한 행위로 체포되어 실려 가는 경찰차를 쫓아 죽을힘을 다해 달려가는 마리나의 안타까운 표정이 클로즈업 되며 엔딩 자막이 오른다

 사랑은 그렇게 온다
 예기치 않게, 두려움과 떨림으로 온다
 그녀의 미세한 표정의 변화까지를 카메라에 담았던 순간들은
 또 다른 영감으로 폐기되기를 수십 번
 누드까지도, 얼굴에 덕지덕지 바른 페인팅까지도
 카메라 앵글에서는, 흑백의 명암 아래서는 새로운 것이 아니었다
 안드레이의 광기를 마리나는 견딜 수 없었다
 필사적으로 탈출을 시도했다

*

당신이 그랬다 초여름이었고 산하는 신비로운 녹색의 그림자들로 차 있었다 당신은 녹색의 신비로움이 무거웠고 멀리 떠나고 싶었다 하루쯤 당신 자신을 위해 쓰는 것은 죄는 아니라고 스스로를 변명하며 낯선 지명을 찾았다

그 후에 떨림이 왔다
당신이 떨림을 견딜 수 있을지
당신이 두려움을 견딜 수 있을지
침묵으로 더 많은 말을 했지만
나는 당신의 발병 원인을 몰랐고
당신은 나의 광기의 의미를 몰랐다

나는 당신에게 침묵의 이방인이었다

마리나를 묶었던 긴 쇠사슬은 내 욕망의 쇠사슬이었다

* 블라디미르 알레니코브 감독 작품

아름다움이 적을 이긴다니

*

미의승적美宜勝敵이라고 말한 왕은 아름다운 화성을 축성했다

제왕의 하늘이 종기로 무너졌다 재위 24년 만이었다

노론들은 상복 속에서 소리 없이 웃었고 왕비의 눈에서는 피고름이 흘렀다

대체 아름다움이란 무엇인가

선인가 하면 권력이고 미인가 하면 음모고 진인가 하면 사술이다

그때의 아름다움은 무엇인가 묻는다

시인에게, 정치인에게, 노숙자에게, 어린 상속자에게

*

아름다움이 적을 이긴다고 생각한 황제 다리우스다

아후라마즈다 신의 뜻에 따라 가장 아름다우며 장엄한 궁전, 페르세폴리스궁을 건축한 다리우스 황제는 붉은 노을 속으로 잠기는 궁전을 보았다
 황제의 드넓은 제국으로 보랏빛 어둠이 몰려왔다
 황후에게도, 대신들에게도 보랏빛 어둠이었다
 보랏빛 어둠으로 무너지지 않는 궁전이 없다는 걸 아는 황제였다
 대체 아름다움이란 무엇인가
 칼날인가 하면 백성이고 무덤인가 하면 역심이고 국경인가 하면 패전이다

 그때의 아름다움은 무엇인가 묻는다

 사라진 길에게, 여의도의 느린 강물에게, 지친 바람에게, 수많은 묘비명에게

카르투시오 봉쇄 수도원

극한 아닌 것이 없는 시의 세계다

그 속에서 새소리가 들린다
극한의 청력이다

새들의 날갯소리는 뜨거운 문장이 된다
문장 안에 발 디딘 새들은 죽어서도 문장을 나오지 못한다
문장이 아름다워서, 문장이 전율이어서, 문장이 죽을 만큼 먹먹해서
문장 안에 빠진 새들은,
그곳이 세상의 끝인 것을 오랜 유폐 후에 알게 된다

이미 늦었다, 완벽한 봉쇄다

시는 가보지 않은 하늘이 없어
소멸의 길이 두려운 것이다

길고 컴컴한 복도를 조용히 지나가는 발소리가 있다
살아 있으나 살아 있지 않은
세상의 끝에 누가 시의 사원을 지었는지 모른다

수도원을 봉쇄하던 눈빛이 언제쯤 흐려지고
고개를 꺾어 복도의 누추한 햇살을 보게 될지

시 한 편이 영면했다

바람의 조문이 이루어지고 나면 사원이 무너질 것이다
영면에 든 시는 어둡고 쓸쓸한 지하묘지에
묻혀, 누구도 그 영면을 기억하지 않을 것이다

여기가 세상의 끝이니까

화계의 현주소

어디에도 거처를 마련한 일이 없다고 썼다

거처가 없었으니 바람의 몸을 덮었거나 구름의 마음을 열었거나 하늘의 생각을 나누었거나 결국

몸과 마음과 생각으로 설레었을 것이다

천상의 일이어서 지상의 슬픈 그림자를 노래했을 그녀, 한 번 더 환생 하겠다*는 말은 나를 전율케 한다 환생 이후라면 몇 겁의 시간을 쌓아야 하는지 안다 그 시간을 건너 내게 오겠다는 그녀를 어린 마음으로 기다릴 거다 기다림이 상처라면 그것까지도 내 몫이라는 거 안다

불안한 일상으로 붉은 해를 버릴 것이지만 버려지는 것이 어찌 붉은 해 뿐이겠나

신이 보내준 천사로 착각하는 고통을 알았으니 고통조차 환희인 지상의 어두운 착각이어서

그녀의 화계는 천상의 붉은 꽃들이 가져올 것이지만 나의 화계는 지상의 흰 꽃들이 가져올 것이다

그녀의 화계는 우연이지만 나의 화계는 필연이어서 운명이다

그 닿을 수 없는

* 이서영 변주

가혹한 봄날

 눈빛이 흔들리기 시작한 것은 지난 겨울부터였다 마주 앉은 짧은 순간의 일이었다 전동차에서 내린 승객들이 시차를 두고 올라와 커피점 안은 잠시 소란스럽다 조용해지곤 했다 그 정적의 순간은 눈빛이 흔들리기에 충분한 시간이었다

 눈빛은 생의 저쪽을 응시했다 창밖은 무너지는 벚꽃의 상심으로 발소리들이 흩날리고 있었다 눈빛 흔들리는 가혹한 봄날은 출구가 없었다 아직은 무사하다고 말한다 하더라도 몸이 먼저 가혹해지는 광장이었다

 가혹한 것은 눈빛이다 눈빛은 수많은 칼날을 숨기고 있다 가장 두려운 칼날은 사막의 붉은 모래들을 잘라 그 피로 자란 칼날이다 그 칼날이 숨기고 있는 건 결정적인 순간에 햇빛을 잘라 어둠을 만들고 싶은 눈빛이었다

사람들은 광장으로 쏟아져 나왔고 승자와 패자가 갈리자 패자는 웃었다

봄날은 색깔에도 승자와 패자를 갈랐다

봄날은 깊은 상처를 남겼다

※ 시에 대한 생각

시의 마법성 혹은, 마법성의 시

김윤배

예술이란 마법의 세계다

우리들의 삶에 예술은 필수 불가결은 아니다. 있어도 좋고 없어도 불편하지 않은 존재다. 아니다. 있으면 삶이 더 풍요로워지기는 한다. 그렇다고 없으면 궁핍한 것은 아니다. 이것이 학문과 다른 점이다. 학문은 없으면 인류의 문명이 진화하지 못한다. 학문은 삶의 곳곳에 침투되어 우리들을 지배한다.

철학은 대표적인 학문이다. 문학은 근원인 미토스Mythos라는 신화에서 출발하는데 반하여 철학은 로고스Logos라는 어떤 법칙을 이성적으로 생각하는 것부터 시작한다. 예컨대 태양이 떠오르는 것을 태양의 신이 마차를 타고 달린다고 설명한다면 미토스이고, 우주의 어떤 법칙에 의해 태양이 떠오르는 것이라고 설명한다면 로고스가 된다. 철학은 탈레스Thales 이후로부터 본격적으로 시작된다. 만물에는 절대 변하지 않는 근원적인 아르케Arche가 있다고 생각한다, 여기서 고대의 과학(데모크리토스의 원자설 등등)이 만들어지는 것이다. 수학 같은 경우는 피타고라스Pythagoras가 이 아르케를 '수'라고 봤고, 후에 시간이 흐르면서 이 자연철학이 과학이라는 분야로 파생된다. 경영학은 자본주의가 형성된 이후에 만들어진 것이다. 심리학은 쇼펜하우어Schopenhaurer와 니체Nietzsche의 철학에서 프로이트Freud가 영향을 받아서 나중에 세분화된 것이고 미학은 철학에서 파생된 학문이다.

예술은 미적 가치를 창조해내는 독창적이고 순수한 표현 행위이며 그 행위에 의해 창조된 표현물을 가리킨다. 사전적인 의미로는 예술이란 본래는 물건 등을 제작하는 기술을 의미하는 말이었다. 예술에 해당하는 그리스어의 테크네techne, 라틴어의 아르스ars, 영어의 아트art, 불어의 아르art, 독일어의 쿤스트kunst 등은 모두 일정한 과제를 해결할 수 있는 숙련된 능력이나 활동으로서의 기술을 의미한다.

시대별 예술 개념의 변화를 보면 고대 소피스트와 중세의 스콜라철학자들은 상상력을 가지고 하는 행위는 예술로 보지 않았다. 중세에는 예술을 수사학, 논리학, 기하학,

음악, 천문학 등을 포함하는 인문학으로 한정했으며 16세기까지 예술은 기술의 의미를 지닌 말로 사용되다가 17세기 후반에 회화, 조각, 건축 등이 예술로 분류되고 18세기, 근대로 넘어오면서 오늘날의 예술의 개념으로 정착되었다. 이때부터 순수예술fineart이라는 개념이 사용되었으며 예술가는 창조적인 존재로, 기술공은 숙련된 기술만을 갖고 있는 사람으로 이해되기 시작했다.

예술은 우리들과 밀접한 관계를 갖는다. 모든 광고 문안은 시적이고 모든 디자인은 미적이다. 기능과 예술의 접목이 아니면 소비자들의 선택을 받지 못한다. 그러므로 모든 상품은 예술적이기를 원하는 것이다. 대형 건물에는 조형물을 설치하도록 법제화되어 있다. 우리들은 아무 감흥 없이 그 조형물들을 지나쳤다. 어느 날 조형물이 사라졌다면 공간의 변화에 따른 상실감을 갖게 된다. 당혹감을 감출 수 없을 것이다. 이처럼 예술은 인간과 밀접하게 닿아 있다. 이것이 예술의 마법성이다.

서동욱은 '예술은 즐거움이며 인식이고 구원인가'를 우리들에게 묻는다. 그의 질문은 우리들을 깊은 사유에 들게 한다. 시에는 어떤 마법성이 있어 독자를 중독에 이르게 할까. 시에는 즐거움, 즉 쾌락의 마법성이 있고 세상의 사물들을 새롭게 인식하는 인식의 마법성이 있으며 독자를 구원에 이르게 하는 구원의 마법성이 있다. 뿐만 아니라 시에는 참됨의 마법성, 말의 해방에 대한 마법성, 작시의 마법성이 있다.

시에는 쾌락의 마법성이 있다

시는 즐거움, 즉 쾌락이다. 시에는 전율이 있고 감흥이 있다. 시 읽기의 즐거움이 아니라면 누가 시집을 찾겠는가? 모든 시는 다 즐거움을 주는가? 아니다. 고통을 주는 시도 있다. 랭보나 이하, 김남주나 최승자의 시편들은 우리들을 고통스럽게 한다. 그런데 고통을 겪어 내면서 카타르시스katharsis를 느낀다.

쾌락은 악마의 유혹이다. 성서의 황금송아지는 춤을 부르는 물신이었다. 시내산에서 내려와 우상 숭배의 현장을 본 모세는 황금송아지를 돌며 춤춘 자들을 처단한다. 그들은 광야에서 굶어 죽을 수밖에 없는 상황을 알고 우상인 황금송아지를 만들어 경배하며 춤을 춘 것이다. 무아지경의 쾌락 속에서 절대자의 목소리를 망각했던 것이다. 하나님은 이들을 진멸하겠다고 모세에게 말할 때 모세는 하나님의 분노를 멈추게 하고 그 자신이 우상을 위해 춤춘 자들 3,000여 명을 처단한 것이다. 삶에서 참되고 중요한 것을 망각하게 만드는 것이 우상이며 예술이고 시이다. 모든 시편이 신성모독인 이유가 여기에 있다.

고통스러운 책 읽기에는 누보 로망nouveau roman의 소설들이 있다. 사실적인 묘사와 이야기의 치밀한 구성을 중요하게 여기는 전통적인 소설의 형식을 부정하고, 작가가 자신의 머릿속에 떠오른 순간적인 생각이나 기억을 새로운 형식과 기교를 통해 재현하려는 경향의 소설을 의미한다. 반소설antinovel이라고도 한다. 특정한 줄거리가 없기 때문에 독자는 직접적으로 작품에 참여해서 적극적인 독서를 해야 한다. 『질투』의 알랭 로브그리예, 『미지인의 초상』의 나탈리 사로트, 『변심變心』의 미셸 뷔토르, 『플랑드르의 길』의 클로드 시몽 등이 대표적인 작가이다. 『낯선 시간 속으로』의 이인성의 소설도 여기에 속한다.

시가 주는 쾌락은 안델센 동화 『빨간 구두』의 주인공 카렌에게서 찾을 수 있다. 카렌은 구두가 이끄는 춤의 유혹에 저항할 수 없었던 것이다. 장례식장에서조차 무아지경으로 춤이 추어지는 황홀한 시간을 지배하는 것은 빨간 구두였다. 벗겨지지 않는 구두 때문에 발목을 자르는 카렌은 머리는 자르지 말아달라고 요구한다. 빨간 구두는 감성이어서 발목을 잘라서라도 멈출 수 있지만 머리는 이성이어서 반성해야 하니까 자르지 말아 달라고 말했을 것이다.

구약시대의 황금송아지와 현대의 빨간 구두 사이에는 시간적인 간극이 있음에도 불구하고 공통적으로 이해되는 삶의 참된 것과 예술의 참된 것과의 대립을 볼 수 있다. 삶의 참된 것 쪽에서 보면 시의 즐거움은 악마로 보이는 것이라고 서동욱은 말한다.

프랑스 철학자 에마뉘엘 레비나스Emmanuel Levinas(1906~1995)는 '시인은 도시로부터 추방된다. 예술적 즐거움 속에는 어떤 사악한 것, 이기적인 것, 무기력한 것이 들어 있다. 이를 수치스럽게 여겼던 시대들이 있다. 페스트가 만연한 시기에 벌어진 잔치를 수치스러워하듯이 말이다.'라고 말했다. 이러한 시의 마법성과 악마성 때문에 플라톤으로 하여금 시인 추방론을 주장하게 했는지도 모른다.

시에는 인식의 마법성이 있다

시인의 말은 잠언처럼 훌륭하다. 세계를 모두 알고 있는 것은 아닌가? 하는 느낌이 들기도 한다. 요즘 일부 젊은 시인들의 시는 접근 불가의 요새 같은 느낌이 들기도 한다. 하이데거는 궁핍한 시대, 시인의 사명을 노래하는 가운데 달아나버린 신들이 남긴 발자취를 눈여겨본다는 뜻이라고 말했다. 인식의 문제다. 그러므로 궁핍한 시대의 시인의 사명은 시의 본질을 노래하지 않으면 안 된다는 것이다. 시의 본질이 사물의 본질이라는 것은 두말할 것도 없다. 사물의 본질을 노래하는 시인만이 시는 인식이라고 말 할 수 있을 것이지만 진정 시인이 인식의 깊이를 획득하고 있는가? 하는 질문에 대답하기 어렵다. 줄기차게 죽음을 노래한 시인은 죽음을 초월했을까? 죽음에 대한 인식이 깊어져 삶과 죽음의 경계를 넘나들고 있을까? 아니다라고 말할 수밖에 없다. 그렇다면 시인이 그럴듯하게 깨달음과 달관과 초연과 초월을 말한다고 해서 진정 그럴까? 하는 의구심을 떨칠 수 없는 것이다.

시인의 판단이 참된 판단인지 아닌지를 규명하기는 쉽지 않다. 시인 자신도 모르고 참된 판단을 하고 있을 수도 있으며 참된 판단을 하고 있는 것처럼 보이려고 포즈를 취하고 있는지도 모르는 것이다. 다시 한번 묻는다. 시인들이여, 정말 알고 말하고 있는가? 이 물음에 침묵해야 하는 시인들이 의외로 많을 것이다.

시는 인식이 아니라 모방이라고 말한 철학자가 플라톤이다. 그렇다면 모든 노래와 춤은 가짜라는 말이다. 플라톤적 시각이라면 시가 인식을 깊게 한다는 명제는 긍정되기 어려운 것이다. 인식은 진리에 닿아야 하며 진리는 참된 판단에 닿아 로고스가 이루어져야 한다, 즉 설명 가능해야 하기 때문이다.

하이데거는 다음과 같이 갈파한 바 있다. "이 시대는 궁핍하다. 고뇌라던가 죽음이라던가 사랑의 본질이 뚜렷하게 드러나 있지 않기 때문이다. 이렇게 말하는 궁핍함 자체가 궁핍한 것이다. 여기에는 까닭이 있다. 고뇌라던가 죽음이라던가 사랑이, 아울러 몸담고 있는 본질세계가 멀리 물러서 버린 탓이다. 이런 것들이 아울러 몸담고 있는 세계가 존재의 심연이 되는 바에야 은폐가 따르기 마련이다. 그런데도 대지를 읊는 노래는 이제도 남아 있는 것이다." 이제는 대지를 읊는 노래들이 심연에 얼마나 깊이 다다르게 되는 것인지를 물어야 하는 것이다. 노래한다고 인식된 것은 아니다. 시인들이여, 스스로에게 기만당하는 것이 얼마나 슬픈 일이라는 것이라는 걸 깨달아야 하지 않겠는가? 노래와 사색 사이의 대화라는 본질 세계를 탐색하고 시의 본질과 사색의 본질을 아울러 밝혀야 할 것이다. 오늘의 많은 시는 인식의 문제를 간과하고 있는 것이 분명해 보인다. 그러므로 인식의 마법성을 모르는 시인은 괴로운 것이다.

시에는 구원의 마법성이 있다

시가 정말 구원일까? 라는 질문을 시인 자신에게 수없이 던진다. 대답은 '그렇다'이다. 시는 시인 자신에게 구원이다. 쓴다는 것의 환희로움과 성취감과 정화의 느낌이 그것이다. 시를 쓰는 동안은 행복하다. 이것이 구원이 아니고 무엇인가? 시 쓰기가 고통이라면 시인이기를 포기해야 할 것이다. 그런데 그 환희로움과 성취감과 정화의 느낌은 아주 잠깐 동안이다. 어떤 시편도 시인 자신을 뛰어넘지 못하고 있다는 자괴감에 빠지게 된다. 시인 안에 갇혀 있는 시편들, 시인의 사색들, 시인의 언어들, 결국 시인의 세계는 시인을 절망케 한다. 진정한 구원은 현재의 유한성을 박차고 나가는 것이며 날아오르는 것이고 내 안에서 나를 보는 것이 아니라 나 밖에서 나를 보는 것이다. 어제까지의 나의 시 세계를 부정할 수 있는 용기가 있어야 구원에 이를 수 있다. 난해한 표현이나 자폐적인 표현이나 은유적인 표현으로 구원에 이르는 것은 아니다.

토마스 만의『요셉과 그의 형제들』에는 예술작품의 구원에 대한 요셉의 절망이 잘 드러나 있다. 상인들에 의해 애굽으로 팔려 간 요셉은 거대한 스핑크스를 만나게 된다. 애굽은 거대한 조형물의 나라였다. 그는 무형의 절대자인 하나님만을 알던 소년이었다. 요셉은 거대한 스핑크스를 보며 말한다. "눈을 부릅뜨고 시간에 갉아 먹힌 코로, 변함없이 황량한 눈빛으로 저 강 너머를 바라보는 스핑크스는 언약과는 무관하다. 그의 위협적인 수수께끼는 그런 성질의 것이 아니었다. 그것은 저 깊숙한 곳에 잠긴 채 미래를 향해 지속되었지만 이 미래는 원시적 미래요 죽은 미래에 불과했다. 단순히 지속성일 뿐 현실화 되지 않는 거짓 영원이었던 것이다." 요셉은 영원을 지향하는 예술작품인 스핑크스에 대해 거짓이라고 단정한다. 요셉에게 세상의 모든 예술작품은 거짓된 것들이다. 구원에 이르지 못하는 허황된 인간의 욕망이 예술작품이다. 구원의 종교와 예술작품의 이와 같은 대립은 오늘도 진행되고 있다는 것이 서동욱의 생각이다.

구원은 현재의 유한성에서 벗어나는 것이다. 그런데 예술은 감성적 제한성을 가진다. 모든 시편도 마찬가지다.

무한한 빛, 무한한 소리, 무한한 사랑을 보았던가? 세상에 무한한 것은 없다. 그 한계 속에서 시를 쓴다. 감성적 제한성을 극복한 작품을 읽어본 경험이 있는가? 『아라비안나이트』도 천일의 이야기다. 『일리아스』와 『오딧세이아』도 신화적 상상력의 소산이다. 무한한 것은 없다. 감성적 유한성 속에 있는 시편들이 어떻게 우리들을 구원으로 이끌 수 있다는 말인가? 예술이 구원이라고 말할 수 있는가? 시가 구원이라고 말 할 수 있는가? 그렇다고 말 할 수 있어야 한다. 시인이 구원의 마법성을 보장하면 독자는 더 말할 것이 없을 것이다. 독자는 시를 읽으며 영혼의 구원을 얻는다. 그것이 시가 지니는 구원의 마법성이다.

시에는 참됨의 마법성이 있다

몇 년 전 유명한 한 작가의 표절 문제로 문단이 시끄러웠던 일을 기억한다. 우리들은 왜 표절에 대해 그처럼 관대하지 못한가? 이는 문학에는 거짓됨이 아니라 참됨이 있어야 한다는 순수 기대가 무너진 데 대한 분노라고 볼 수 있을 것이다. 참되지 않은 예술은 예술이 아닌 것이다. 참됨 없는 시편은 시가 아닌 것이다.

칸트는 『순수이성비판』에서 다음과 같이 말했다. "현재 독일인들은 다른 사람들이 취미비판이라고 일컫는 것을 지칭하기 위해 미학이라는 말을 사용하는 유일한 사람들이다. 그 기초에는 탁월한 분석가인 바움가르텐이 가졌던 잘못된 희망이 깔려 있다. 바움가르텐은 미에 대한 비판적 판정을 이성 원리들 아래 세우고 그 판정의 규칙을 학문으로 높이려 했다. 그러나 이 노력은 헛수고이다."

학문이란 무엇일까? 학문은 학문 공동체가 있다. "나 어제 계시받았다"고 하면 종교이지 학문은 아니다. 학문적인 생각은 공유 가능하고 논리적 전개가 가능해야 한다. 보편적인 것에 대한 이성적인 사유능력을 가질 때 학문의 영역을 가진다. 그런데 예술은 센세이션sensation, 즉 감각이나 느낌이나 반향으로 오기 때문에 사람마다 다르고 한 사람에게도 시간마다, 감정마다 다르다. 칸트가 바움가르텐의 미학적 판정 규칙을 학문으로 높이려 한 노력을 헛수고라고 한 이유다. 보편성을 가지고 판단을 보여주지 못하는 학문은 진리가 아닌 것이다. 미학은 진리와는 거리가 멀다.

헤겔은 "우리에게 예술은 더 이상 그 안에서 진리가 스스로 실재하게 되는 최고의 방식으로서 간주 되지 않는다.

예술의 형식은 정신의 최고 욕구로 존재하기를 포기해 버렸다."라고 말함으로써 예술과 진리 사이의 괴리감을 확인시켜주고 있다. 한마디로 말하면 예술은 진리일 수 없다는 것이다. 진리와 예술이 극명하게 드러나는 문장을 프루스트에서 찾을 수 있다.

프루스트(1871~1922) 의 소설, 『잃어버린 시간을 찾아서』의 주인공이 산책을 하면서 아름답게 비치는 햇빛을 바라보며 자연 속에서 그 감흥을 이야기하고 있다. "수면과 벽면에 어떤 희미한 미소가 하늘의 미소에 답하고 있는 것을 보고서 나는 하도 기뻐서 접은 우산을 휘두르며 외쳤다. 제기랄, 제기랄, 제기랄, 제기랄." 여기서 문제는 제기랄이다. 일반적으로 명제적인 판단을 하며, 평서문의 형식인 주술구조를 따라 글을 쓰게 된다. '나무는 푸르다. 시냇물은 반짝인다.'라고 산책길을 이야기 할 수 있다. 그런데 저자는 "제기랄, 제기랄, 제기랄, 제기랄"이라고 말한다. 이것은 보통 우리가 평소 쓰는 언어, 판단 속에서 사실을 담아내려는 방식과 다르다는 것이다. 보통 쓰는 '나무는 푸르다. 시냇물은 반짝인다.'라는 언어형식을 버림으로써 진리를 포기하고 엉뚱한 언어, 즉 시적 언어를 선택했다. 일반적 언어형식인 주술구조를 무시하고 엉뚱한 표현을

한다면 어떤 일이 일어날까? 그 자체가 무엇도 접근하기 어려운 상태가 되며 말이 이해 속에 녹아서 이해되며 다시 단단한 이미지로 형상화되는 것이다. 그래서 그 자신에 독립적인 존재감만을 스스로 확인하는 고집스런 단어로 형성된다. 이것은 어떤 언어로도 번역되지 않은 독자적인 언어적 표현이다. 이것이 시문의 요체다. 어떤 언어로도 번역 불가며 환언 불가인 언어가 시인들이 가져야 할 언어인 것이다. 그것이 시의 참됨이다. 예술의 참됨이기도 한 것이다. 그러므로 시에는 참됨의 마법성이 있는 것이다.

시에는 말의 해방이라는 마법성이 있다

말의 도구적 의미를 사상하고 비트는 일을 즐겨하는 사람이 시인이다. 좋은 시문이란 일상적인 문장으로부터 멀리 떨어져 있는 문장이다. 그런 문장은 뒤틀린 문장이며 미친 문장이거나 유아적 문장이다. 시인은 말을 도구적 역할로부터 해방시킨다. 말이 도구적 역할에서 해방되면 말 그 자체로 존재하게 된다. 하이데거는 시의 본질은 언어의 본질에서 찾아야 한다고 말한다. 언어는 시의 창작 질료로 존재하는 것이 아니라 오히려 시 자체가 비로소 언어를 만들어 내는 것이어서 언어의 본질은 거꾸로 시의 본질에서 찾아야 한다는 것이다.

금광 호수를 보며 절망하는 시인이 있다. 호수 속에 태양광 집열판을 설치해 전기를 얻고 있는 것이다. 호수의 아름다운 정경이 사라졌다. 이는 호수를 용도성으로 파악하고 있는 수자원공사의 횡포다. 시인은 금광 호수를 시로 쓰고 싶다. 그의 시 속에서 금광 호수는 호수로서의 본질이 드러나게 될 것이다. 마치 라인강을 시로 쓴 횔덜린처럼 말이다. 횔덜린은 독일인들에게 라인강의 본질적인 의미를 제시했던 것이다. 라인강에 건설된 수력발전소는 라인강을 수량과 방향으로만 파악했던 것에 비해 횔덜린은 라인강의 본래의 모습을 찾아 준 것이다. 시인은 시를 통해서 사물의 본래의 모습을, 또는 사물의 본질을 찾아주는 것이다.

프루스트가 아름다운 햇빛이 수면과 벽면에 비추고 있는 정경을 보면서 "제기랄, 제기랄, 제기랄, 제기랄"이라고 외친 것은 언어를 노역으로부터 해방시켜 말 본래의 모습 자체를 빛나 보이게 하는 시적 표현이다. 시는 말 본래의 모습으로 이루어지는 것이다.

진복순 시인의 생업은 색깔을 고르는 일로부터 시작된

다. 어떤 색깔의 벽지를 쓸 것인가?가 진 시인의 고민이다. 이때 색은 도구적 의미의 색이다. 색이 사용성, 도구성, 기능성으로 사용되는 경우는 수없이 많다. 그러나 최울가 화백의 노란색은 색으로만 존재한다. 노란색은 노란색의 이미지로 화폭을 지배한다. 색이 그것의 본성을 구현하는 것이다.

진료가 그 자체의 모습을 드러낸 것이 시다. 모든 시어는 독립적으로 존재하는 생명체인 것이다. 언어뿐 아니라 사물도 마찬가지다. 도구에서 기능적인 것을 버리면 예술품이 된다. 사물 자체로 존재하게 되는 것이다. 사물의 본질이 언어의 본질과 만나 시적 이미지가 형성되는 것이다. 사물의 기능적인 것을 벗어나 참된 사물의 모습을 찾아주는 것이 예술이다. 실패한 시에서는 말의 용도성이 보인다. 실패한 도구에서는 일상의 불편함이 보인다. 시에는 말의 해방이라는 마법성이 있다.

시에는 제작이라는 마법성이 있다

하이데거는 "예술이란 무엇인가? 왜 테크네Techne라는 소박한 이름을 지니고 있었나. 그 이유는 예술이 밖으로 끌어내어 앞에 내어놓는 탈 은폐였고 그래서 포이에시스 Poiesis, 즉 제작에 속하는 것이었기 때문이다. 이 포이에시스라는 이름은 나중에는 모든 미의 예술들을 관장하고 있는 탈 은폐, 즉 시가, 시적인 것이 자기 고유의 이름으로 간직하게 되었다."라고 말한다.

시는 테크닉이어서 은폐된 사물의 본질을 드러내는 기술이다. 그러므로 시를 제작한다는 말은 옳은 말이다. 김수영이 작시作詩라 해서 시를 제작한다고 쓴 것은 당연하다. 안도현이 "시는 가슴으로도 쓰고 손끝으로도 쓰자."라고 한 말도 의미 있다. 시는 은폐된 사물의 본질을 드러낸다는 점에서 엄숙하지만 제작한다는 점에서 즐거움이다. 시는 사물의 본질을 드러낸다는 의미에서 진실에 관여한다. 진실이 없다면 시적 진정성을 의심받게 된다. 진리와 선은 오로지 미 속에서만 함께 할 수 있다. 그런 까닭에 시는 드높은 존엄성을 얻는다.

신화가 사라진 시대의 삶은 낯설고 이질적이며 찰나적이고 물신적이며 즉물적이다. 시인은 이러한 일상 속에서 틈을 만들고 뒤집고 끌어내어 삶의 본질을 개진해야 한다. 이것이 궁핍한 시대, 시인의 사명이며 시를 제작하게 되는 마법성이다.

10
현대시학 기획시인선

언약, 아름다웠다

초판 1쇄 발행	2021년 1월 5일

지은이	김윤배
발행인	전기화
책임편집	문지현
표지	석윤이

발행처	현대시학사
등록일	1969년 1월 21일
등록번호	종로 라 00079호
주소	서울시 종로구 계동길 41
전화	02-701-2341
블로그	http://blog.daum.net/hdsh69
이메일	hdsh69@hanmail.net
배포처	(주)명문사 02-319-8663

ISBN	979-11-86557-81-5 03810

○ 책값은 뒤표지에 있습니다.
○ 이 책의 판권은 지은이와 현대시학사에 있습니다.
  이 책 내용의 전부 또는 일부를 재사용하려면 반드시 양측의 서면 동의를 받아야 합니다.
○ 잘못 만들어진 책은 구입하신 서점에서 교환해드립니다.